BEI GRIN MACHT SICH IHR WISSEN BEZAHLT

- Wir veröffentlichen Ihre Hausarbeit,
  Bachelor- und Masterarbeit

- Ihr eigenes eBook und Buch -
  weltweit in allen wichtigen Shops

- Verdienen Sie an jedem Verkauf

Jetzt bei www.GRIN.com hochladen
und kostenlos publizieren

Fausi Najjar

Das Konzept von Marginalität und Weltmarktintegration von Entwicklungsökonomien bei Hartmut Elsenhans: Eine Interpretation in graphischer Darstellung

GRIN Verlag

Bibliografische Information der Deutschen Nationalbibliothek:

Die Deutsche Bibliothek verzeichnet diese Publikation in der Deutschen National-bibliografie; detaillierte bibliografische Daten sind im Internet über http://dnb.d-nb.de/ abrufbar.

Dieses Werk sowie alle darin enthaltenen einzelnen Beiträge und Abbildungen sind urheberrechtlich geschützt. Jede Verwertung, die nicht ausdrücklich vom Urheberrechtsschutz zugelassen ist, bedarf der vorherigen Zustimmung des Verlages. Das gilt insbesondere für Vervielfältigungen, Bearbeitungen, Übersetzungen, Mikroverfilmungen, Auswertungen durch Datenbanken und für die Einspeicherung und Verarbeitung in elektronische Systeme. Alle Rechte, auch die des auszugsweisen Nachdrucks, der fotomechanischen Wiedergabe (einschließlich Mikrokopie) sowie der Auswertung durch Datenbanken oder ähnliche Einrichtungen, vorbehalten.

Impressum:

Copyright © 2007 GRIN Verlag GmbH
Druck und Bindung: Books on Demand GmbH, Norderstedt Germany
ISBN: 978-3-656-13666-8

Dieses Buch bei GRIN:

http://www.grin.com/de/e-book/189337/das-konzept-von-marginalitaet-und-welt-marktintegration-von-entwicklungsoekonomien

GRIN - Your knowledge has value

Der GRIN Verlag publiziert seit 1998 wissenschaftliche Arbeiten von Studenten, Hochschullehrern und anderen Akademikern als eBook und gedrucktes Buch. Die Verlagswebsite www.grin.com ist die ideale Plattform zur Veröffentlichung von Hausarbeiten, Abschlussarbeiten, wissenschaftlichen Aufsätzen, Dissertationen und Fachbüchern.

Besuchen Sie uns im Internet:

http://www.grin.com/

http://www.facebook.com/grincom

http://www.twitter.com/grin_com

Das Konzept von Marginalität und Weltmarktintegration von Entwicklungsökonomien bei Hartmut Elsenhans: Eine Interpretation in graphischer Darstellung / Von Fausi Najjar

Abstract:

The concept of marginality and world market integration of developing economies of Hartmut Elsenhans: A graphical interpretation

In the paper develops graphics describing the concept of marginality of Prof. Hartmut Elsenhans and its implications for world market integration. Elsenhans defines marginality as negative marginal productivity of a significant part of the labour force in an economy with low technological capacities. The paper tries to demonstrate that marginality blocks the adjustment process towards more employment by flexible prices and world market integration. The model tries to show that full-employment cannot be achieved through market mechanisms alone. Development strategies for lifting productivity and income of the poor, as well as increasing local production of basic commodities become an inevitable pre-condition for long-term market growth. Elsenhans' concept of marginality is not fundamentally opposed to the liberal market model. The theory does not deny the negative impact of market distortions and it's implication for authoritarian political systems, bad governance and under utilization of recourses. The concept of marginality treats the aspect of market failure as an additional factor to the liberal diagnosis concerning rents and rent-seeking.

The paper tries to give a comprehensive explanation of the economic theory of Elsenhans. So far his contribution to developmental economic has been incorporated only marginally by theory discussion.

Autor:	Klassifizierungsvorschläge nach JEL:
Fausi Najjar	B5 - Current Heterodox Approaches
	F16 - Trade and Labor Market Interactions
Text ist im November 2007 verfasst	O1 - Economic Development

1

1. Einleitung

Das für die Theorie von Elsenhans zentrale Marginalitätskonzept widerspricht der neoklassischen These, dass in Entwicklungsländern Marktwirtschaft bei flexiblen Preisen zur Vollbeschäftigung tendiert. Interpretiert kann die Theorie von Elsenhans als Anwendung des „keynesschen Diagnose" auf Entwicklungsökonomien: Der Versuch, Beschäftigung alleine mittels Lohnflexibilisierung und Liberalisierung zu mobilisieren scheitert bei Keynes aufgrund ungleicher Verteilung und führt zu entgegen gesetzten Effekten. Aus dieser Perspektive genügen sozialpolitische Abfederungsmaßnahmen bei Liberalisierung nicht. Stattdessen bedarf es einer gezielten Umverteilungspolitik, wie Agrarreformen, Ausstattung der Armen mit Produktionsmitteln oder einer längerfristigen Subventionierung von Arbeitskräften. Im Unterschied zu Keynes bildet im Marginalitätskonzept die zu geringe Grenzproduktivität von Arbeit das zentrale Strukturdefizit für den neoklassischen Anpassungsmechanismus und nicht primär eine sinkende Konsumquote oder zu geringen Investitionen aufgrund negativer Erwartungen.

Marginalität besteht, wenn „ein erheblicher Teil der verfügbaren Arbeitskräfte bei niedrigem Stand der wirtschaftlichen Entwicklung weniger zusätzlich produziert als er zur Deckung der physischen Minimalbedürfnisse verbrauchen muss" (Elsenhans, 1995: 193). Bei Marginalität herrscht eine hohe Verfügbarkeit von Arbeit. Zudem kann Arbeit aufgrund der bei niedrigem Entwicklungsstand geringen Qualifikationsanforderungen „ausgetauscht" werden. Wegen des dann inelastischen Angebots von Arbeit können bei Marginalität die Reallöhne durch eine Verknappung von Arbeit nicht steigen, trotz der in einzelnen4 Bereichen hohen oder steigenden Produktivität. Bei Marginalität hat demnach die Grenzproduktivitätsthese, der zufolge der Lohnsatz bei Erschöpfung des Arbeitsangebots zum alten Lohnsatz entsprechend der Grenzproduktivität von Arbeit steigt, keine Relevanz (Elsenhans, 2000: 35). Damit entfällt die Voraussetzung für kapitalistisches Wachstum und Profit, weil - so die post-keynesiasnische Argumentation bei Hartmut Elsenhans - nur unter der Bedingung langfristig steigender Reallöhne die Nachfragekapazitäten nicht hinter den Angebotskapazitäten zurückbleiben (Robinson; 1978: 18; Elsenhans; 1986: 247-268).[1] Infolgedessen bildet Marginalität ein primäres Hindernis für marktwirtschaftliches Wachstum, weil ein Lohndrift und gesellschaftlicher Druck „von unten" zugunsten von produktivitätsorientierten Reallohnsteigerungen ausbleiben.

Die bei Marginalität erzielten Überschüsse sind in erheblichem Maße Renten. Renten sind bei Hartmut Elsenhans Surpluseinkommen, die durch strukturelle Blockierung des Wachstumsprozesses und nicht

---

[1] Dass die Reallöhne steigen müssen, kann auch im Rahmen der Mainstream-Ökonomie erläutert werden. So wird von einem konstanten Kapitalkoeffizient ausgegangen, wie er in den „stylized facts" von Kaldor (1961) beschrieben ist. Daraus muss bekanntlich folgen, dass Reallöhne langfristig steigen. Gleichzeitig determiniert die Sparentscheidung in der Neoklassik die Höhe der Investition: im Modell wird die Sparquote S mit der Investitionsquote I gleichgesetzt (S=I). Über eine steigende Sparquote, die automatisch zu einem gleich hohen Anstieg der Investitionen führt, kann dabei über eine steigende Kapitalintensität k = K/L (wobei K=Kapitalstock und L = Erwerbstätige) ein höherer Wachstumspfad erreicht werden, nicht jedoch eine langfristige Änderung der relativen Einkommen. Demnach müssen Reallöhne langfristig steigen. Nicht geklärt bleibt, wie lange die auch in der Neoklassik unvermeidbaren Reallohnsteigerungen zugunsten von Niveaueffekten durch vermehrtes Sparen und Investieren stagnieren können, ohne dass das System zusammenbricht. Vor diesem Hintergrund kann das Wachstumsmodell von Hartmut Elsenhans als ein Erklärungsmodell in Anschlag gebracht werden, das analysiert, wie lange marktwirtschaftliches Wachstum bei einem stagnierenden Lohnsatz möglich ist, ohne dass Überschüsse auf eine Nachfragelücke stoßen. Eine algebraische Herleitung, wann diese Widersprüche auftreten (Elsenhans, 1986: 247-268), erfolgt an dieser Stelle nicht.

lediglich durch Marktverzerrungen zustande kommen. Renten sind gleichzeitig Voraussetzung für das Überleben eines volkswirtschaftlich erheblichen Teils der Bevölkerung, weil dieser nicht nach betriebswirtschaftlichen Kriterien bzw. in einer gänzlich liberalisierten Entwicklungsökonomie beschäftigt werden könnte. Entwicklungsökonomien, deren hinreichendes Definitionsmerkmal Marginalität selbst ist, können bei Elsenhans durch Teilintegration in den Weltmarkt externe Renteneinkommen generieren, die zum einen die Beseitigung von Marginalität erschwert, weil eine externe Renten generierenden Weltmarktintegration zu Fehlspezialisierungen führt (bspw. Abhängigkeit von Nahrungsmitteleinfuhren) und die Bildung von durch Renten geprägten politischen Systemen fördert. Zum anderen stellen Renten Ressourcen für das Empowerment der Ärmsten und damit die Überwindung von Marginalität.

2. Das Grundmodell für Marginalität

Im Marktmodell steigt Beschäftigung bei (Real-)Lohnsenkungen. Für Vollbeschäftigung A_V in Schaubild 1 muss der Reallohn von R_1 auf R_V sinken. In seiner Beschäftigungstheorie wendet John Meynard Keynes gegenüber der Neoklassik ein, dass Vollbeschäftigung bei einer angebotskonformen Anpassung des Reallohnes nach unten blockiert sein kann. Sinken die Reallöhne auf R_V, weitet sich bei Keynes die Beschäftigung deswegen nicht auf A_V aus, weil die effektive Nachfrage weg bricht. Aufgrund der Abhängigkeit der Investitionen von den Nachfrageerwartungen und einer variablen Konsumquote lehnt Keynes nach dem Prinzip der effektiven Nachfrage (Keynes 1936, 2006: 20) das in Schaubild 1 dargestellte inverse Kausalverhältnis von Reallöhnen und Beschäftigung ab.

Schaubild 1: Inverse Mechanismus für Lohn und Beschäftigung

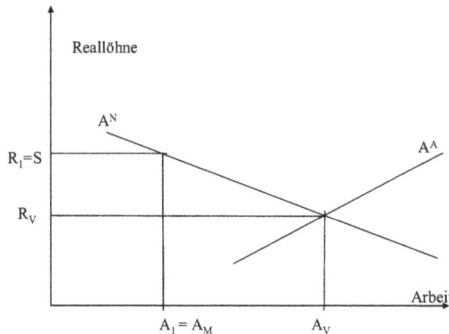

3

Schaubild 2: Marginalität in geschlossenen Ökonomien

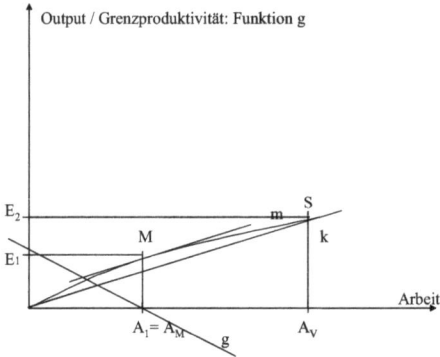

Hartmut Elsenhans führt für die Entwicklungsökonomien ein anderes Erklärungsmodell für das Scheitern des Anpassungsprozesses an. Mit dem in Schaubild 2 dargestellten Marginalitätsmodell beschreibt er in Anlehnung an Georgescu-Roegen eine geschlossene vorkapitalistische Agrarökonomie (Georgescu-Roegen, 1960). Dargestellt ist eine Ein-Gut-Landwirtschaft. Der Aufwand für die Produktion besteht lediglich aus der Arbeitsleistung (Beschäftigte); die Produktionsfunktion m weist folgende Eigenschaften auf:

(1) $Y = m(x)$ mit $m`(x) > 1$ und $m``(x) < 0$, wobei, $x = A$ und A = Anzahl der Beschäftigten und A_V = gesamte Erwerbsbevölkerung.

Des Weiteren gilt:

(2) Die Kosten der Arbeitskräfte betragen $k = \lambda A$.
(3) Im Punkt A_M gilt $m`(A_M) = \lambda \times 1$ oder $g(A_M) = 0$, wobei $g(x)$ die Überschüsse pro Arbeiter beschreibt.

Die Grenzproduktivität von Arbeit lässt sich dann beschrieben als:

(4) $g(x) = m`(x) - k(x)$

Rechts von A_M übersteigen die Kosten eines zusätzlichen Arbeiters das Mehrprodukt. Unter der Bedingung vollständiger Konkurrenz ist eine Beschäftigung, die rechts von M liegt, also eine Anpassung des Lohnes an das mengenmäßige Angebot von Arbeit, wie in Schaubild 1 beschrieben, nicht möglich. Während in der Lehrbuchökonomie lediglich der Fall erörtert wird, in dem aufgrund von Mindestlöhnen etwa Unterbeschäftigung durch Senkung des Reallohnes von R_1 auf R_V beseitigt wird, lässt sich Marginalität im Schaubild 1 als Fall beschreiben, in dem eine angebotsmäßige Anpassung des Reallohnes R_1 auf R_V ausgeschlossen ist, weil schon bei $R > R_V$ der Subsistenzlohn S_1 gegeben ist.

Aufgrund der dem Modell unterstellten monopolistischen Besitzverhältnisse ist allerdings eine nichtmarktkonforme Allokation möglich. Die in diesem Modell erzielten Überschüsse sind demnach Renten. Wird der Surplus über nicht-marktökonomische Mechanismen verteilt, ist eine Beschäftigung bis zum Punkt S denkbar (Elsenhans 1995: 194-199).

3. Begrenzte Impulse für die Überwindung von Marginalität durch Weltmarktintegration

Zu überlegen ist, ob eine preisliche Verbilligung des Faktors Arbeit und Beschäftigungszuwächse durch Weltmarktintegration trotz Marginalität möglich sind. In diesem Falle wären Vollbeschäftigung und aufgrund eines knapper werdenden Angebots von Arbeit ein Lohndrift zugunsten steigender Reallöhne denkbar. Die Transformation der Kosten- und Produktionskurve aus Schaubild 2 durch Abwertung ist in Abschnitt 3.1 beschrieben. Bei Elsenhans ist dieser Weg, Beschäftigung zu generieren und die Armut zu bekämpfen, allerdings nur begrenzt möglich. Zum einen führt eine vertiefte Weltmarktintegration durch Abwertung zu hohen gesamtwirtschaftlichen Einkommensverlusten (Kapitel 3.2). Denkbar bleibt, dass Einkommensverluste zugunsten wachsender Beschäftigung in Kauf genommen werden. Es können aber zum anderen absolute Abwertungsgrenzen aufgrund einer Importabhängigkeit von Grundnahrungsmitteln und anderer überlebensnotwendiger Lohngüter bestehen (3.3).

3.1 Weltmarktintegration im liberalen Modell

Schaubild 3 verweist auf den auch im Neo-Faktorproportionentheorem formulierten Mechanismus einer Vollbeschäftigung über Weltmarktintegration.[2] Die Beschäftigung A (Anzahl der erwerbsfähigen Bevölkerung) ist in unserem Modell auf der x-Achse angezeigt; während Beschäftigung eine Funktion des Wechselkurses W bildet, der auf der y-Achse abgetragen ist. Hierbei gilt:

(6) $W = W^F/W^H$, wobei W^F die Fremdwährung (bzw. die nach dem Handelsvolumen unterschiedlich gewichteten Fremdwährungen) und W^H die eigene Währung des betreffenden Landes.

---

[2] „Bei unterschiedlicher internationaler Faktorausstattung ist jedes Land klarerweise am besten zur Erzeugung derjenigen Güter ausgestattet, die große Mengen der Produktionsfaktoren brauchen, welche dort verhältnismäßig reichlich vorhanden sind (Borchert, 2001: 55).

Schaubild 3: Vollbeschäftigung durch Abwertung

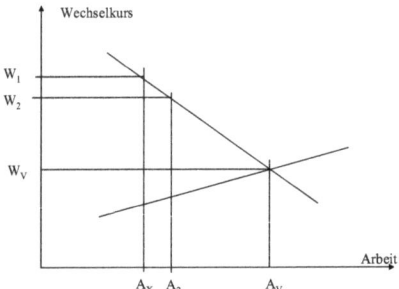

Im Unterschied zu Schaubild 1 erfolgt in Schaubild 3, keine Kostensenkung, die automatisch die Reallöhne senkt, vielmehr sinken die Arbeitskosten zunächst lediglich zu Weltmarktpreisen. Gemessen zu Weltmarktpreisen verläuft die Kostenkurve k_W in Schaubild 4 flacher als k aus Schaubild 2; A_M wandert deswegen nach rechts. Aufgrund einer durch erhöhte preisliche Wettbewerbsfähigkeit bedingten wachsenden Nachfrage und Skaleneffekte kann sich m darüber hinaus nach oben bewegen. Die Geraden k und m werden demzufolge durch Abwertung in k_W bzw. m_P transformiert. In Schaubild 4 ist Vollbeschäftigung erreicht, weil $AM = A_V$.

Schaubild 4: Erhöhung der Grenzproduktivität von Arbeit durch Abwertung

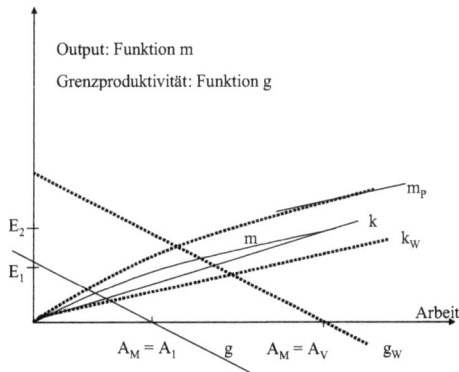

6

3.2. Einkommensverluste bei Abwertung

Dieser Weg ist aber im Modell unrealistisch. Als schwaches Argument können zunächst Einkommensverluste bei Abwertung entstehen.[3]

Schaubild 5: Einkommensverluste bei Abwertung

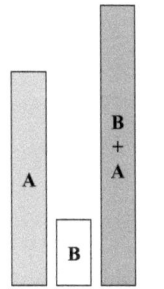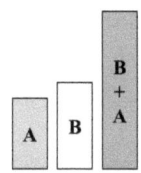

1. Fall: hoher Wechselkurs W_1 2. Fall niedriger Wechselkurs W_2

Während die Säule A die Einkommen aus kapitalintensiven Branchen beschreibt, stammen die in Säule B dargestellten Einkommen aus arbeitsintensiven Branchen. Das Schaubild zeigt, dass die Branchen A bei einem hohen Wechselkurs (W_1) mittels der Kombination von Importen von Kapitalgütern mit einer trotz des hohen Wechselkurses immer noch relativ billigen und unqualifizierten Arbeit komparative Kostenvorteile erzielen. So können sich höhere Exporteinkommen bei einem für Vollbeschäftigung zu hohem Wechselkurs einstellen, wenn die Einkommensverluste der bei einem hohen Wechselkurs wettbewerbsfähigsten Branchen A größer sind als Einkommenssteigerungen in den durch Abwertung geförderten, arbeitsintensiven Branchen B. Dies ist der Fall, wenn bei Abwertung die Einkommensverluste der Branchen A, die von einem hohen Importanteil gekennzeichnet sind, nicht durch die arbeitsintensiven Branchen B ausgeglichen werden können, weil die Grenzproduktivität der Branchen B zu gering ist. Die Einkommensverluste ergeben sich demnach aus einer spezifischen Branchenstruktur, wie dies zuerst im Falle der Niederlande aufgrund der Dominanz des Erdgassektors beobachtet wurde (Dutch Disease).

3.3. Absolute Abwertungsschranken

Auch wenn Einkommensverluste durch Abwertung in Kauf genommen werden, kann der Fall auftreten, in dem eine preisliche Produktionssteigerung durch Abwertung blockiert ist. Entscheidend ist hierbei, ob ein nicht-substituierbarer Importanteil von Lohngütern, insbesondere von Nahrungsmitteln, besteht. Hierzu betrachten wir Schaubild 6.

---

[3] Das starke Argument ist in 3.3. beschrieben.

Schaubild 6: steigende Lohnkosten bei Abwertung

Einkommen / Kosten

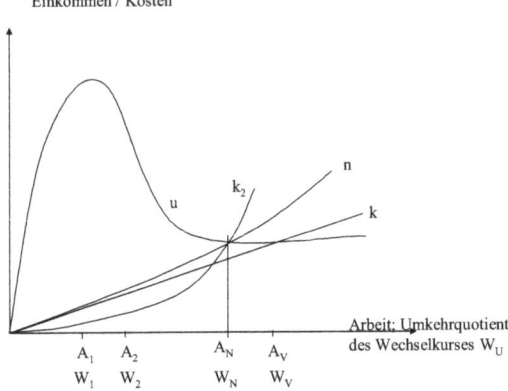

Dargestellt ist in Abbildung 6 die gesamtwirtschaftliche Einkommenskurve u in Abhängigkeit von Beschäftigung bzw. vom Wechselkurs W_U. Wie in Schaubild 3 wird eine proportional steigende Beschäftigung bei sinkendem Wechselkurs postuliert. Dies geschieht indem auf der x-Achse nicht nur Arbeit A, sondern auch der Umkehrquotient des Wechselkurses W abgetragen wird. Es gilt:

(5) $W_U = W^H / W^F$

Die Einkommenskurve u fällt mit Abwertung und Beschäftigung. Dies spiegelt den oben skizzierten Fall sinkender Einkommen bei Abwertung aufgrund zu Grenzproduktivität von Arbeit in Kombination mit abwertungsbedingten Einkommensverlusten in den kapitalintensiven Branchen wider (Schaubild 5).[4] Die Kostenkurve k beschreibt dabei die Arbeitskosten, die gleich den Subsistenzkosten sind. Auch k_2 beschreibt eine Kostenkurve, im Falle eines nicht-substituierbaren Importanteils von Lohngütern. Hier steigen die Lohnkosten im Zuge der Abwertung exponentiell an. Bei Abwertung bis zum Schnittpunkt W_N kann Arbeit rechts von A_N aufgrund sinkender Einkommen nicht mehr ernährt werden. Eine exponentiell steigende Kurve entsteht, wenn die Bevölkerung mittels externer Renten (siehe folgendes Kapitel) schneller wachsen konnte als die Herstellung von Grundnahrungsmitteln und weiterer Subsistenzgüter.

4. Kapitalistisches Wachstum und die sich für die Entwicklungsökonomien ergebenden komparativen Kosten

Die im Kapital 3 beschriebenen hohen Einkommen bei hohem Wechselkurs sowie die trendmäßig bestehenden absoluten Blockaden für Abwertung sind im Marginalitätskonzept keine Zufälligkeit, sondern das Ergebnis der nach Branchen unterschiedlichen Wachstumsdynamik zwischen den von

---

[4] Die exponentiell steigenden Einkommenskurve n verweist auf die Möglichkeit einer absoluten Abwertungsgrenze auch ohne postulierte Einkommen durch die kapitalintensive Branchen.

kapitalistischem Wachstum gekennzeichneten Industrieländern und den Entwicklungsökonomien und der sich hieraus ergebenden Verteilung der komparativen Kostenvorteile. Voraussetzung für kapitalistisches Wachstum sind bei Elsenhans langfristig steigende Reallöhne (siehe Appendix). Nur wegen wachsender (interne oder externe) Märkte, die langfristig nur durch Reallohnsteigerungen gesichert werden können, bleiben die immer Faktorproduktivität steigernden Investitionen rentabel. Ohne steigende Investitionen, wird das Mehrprodukt für den Luxuskonsum, der per Definition keine verallgemeinerten Massengüter umfasst, oder zur Kapitalvernichtung verwendet.

Eine (graphische) Herleitung der Verteilung der komparativen Kostenvorteile aus der sich ergebenden kapitalistischen Wachstumsdynamik im Sinne des Postulats notwendigerweise steigender Reallöhne erfolgt in Kapitel 4.1. Dabei sind zwei Formen der Weltmarktintegration denkbar: Zum einem der Fall, indem die Abwertungsblockaden nicht gegeben sind (4.1.1), zum anderen fußt die dann nur partielle mögliche Weltmarktintegration auf dem Import von Kapitalgütern (Maschinen) oder Lohngüter (Grundnahrungsmittel) und hat Renteneinkommen und Fehlspezialisierung zur Folge (4.1.2). In 4.2 leiten wir das Verhalten einer Reihe von Branchen nach den in 4.1. beschriebenen Formen von Weltmarktintegration ab. Dies geschieht vor allem anhand der Tabellen 1 bis 3. Mit der Vernachlässigung der Grundnahrungsmittelherstellung und Technologieentwicklung in Entwicklungsökonomien beschäftigt sich insbesondere Tabelle 4.[5]

4.1 Arbeitsintensive und kapitalintensive Weltmarktintegration von Entwicklungsökonomien

4.1.1. Arbeitsintensive Weltmarktintegration

Aus der im Kapitalismus bestehenden Koppelung von Technologieentwicklung und langfristig steigender Reallöhne, verlieren Branchen in den entwickelten Ländern mit unterdurchschnittlicher Produktivitätsentwicklung gegenüber Entwicklungsökonomien an Wettbewerbsfähigkeit. Funktion pIL in Schaubild 7 beschreibt hierzu die Produktivitätsverteilung eines Produktionsapparates einer entwickelten Ökonomie in Abhängigkeit des Einsatzes des technologischen Fortschritts (technische Intensität) und des durchschnittlichen Reallohns. Auf der Ordinate ist die wachsende Verwendung des Residualfaktors β im Produktionsapparat abgetragen. Je weiter man auf der x-Achse nach rechts wandert, desto mehr kommt die auf der Abszisse abgetragene Totale Faktorproduktivität (TFP) erhöhende Innovation zum Einsatz. Und anderes herum: je näher x am Ursprung liegt, desto geringer ist die Produktivität des Produktionsverfahrens im betreffenden Bereich des Produktionsapparates.

pEL stellt nun die Verteilung der Produktivität in einem unentwickelten Land dar. Die Kurve verläuft wegen des geringeren technischen Fortschritts flacher. Gleichzeitig liegt pIL zwischen Ursprung und h über pIL, weil die geringeren Lohnkosten in dem unterentwickelten Land bei einer weniger von ß gekennzeichneten Produktion zu Wettbewerbsvorteilen führt. bEL beschreibt die Verteilung der

---

[5] Bei der Analyse der sich in den Entwicklungsökonomien trendmäßig ergebenden Verteilung der komparativen Kostenvorteile hebt Elsenhans auf den auch im liberalen Modell gültigen Sachverhalt ab, dass in unterschiedlichen Währungsräumen Handel nur dann zustande kommt, wenn über den Wechselkurs komparative in preislich absolute Kostenvorteile transformiert werden. Veranschaulichen lässt sich dies folgendermaßen: In einem Zwei-Länder-Zwei-Güter Modell bei einem Wechselkursverhältnis von 1:1 exportiert das Ausland beide Güter, wenn es bei der Herstellung beider Güter produktiver ist. Simultan hierzu fragt das Inland Devisen für Bezahlung der Importe nach. Dadurch verteuern sich (ebenso simultan) die Auslandswährung und dessen angebotene Güter solange, bis das Inland mit dem Gut, das den geringeren Produktivitätsabstand aufweist, preislich wettbewerbsfähig wird und dessen Produktion bis zum Gleichgewichtszustand ausweitet.

Beschäftigten in dem Entwicklungsland. Diese ist gerade aufgrund des niedrigen technologischen Stands von links nach rechts fallend. Erst mit wachsender Produktivität ist mit Beschäftigungszuwächsen in den technologieintensiveren Branchen und dem Investitionsgütersektor zu rechnen.

Schaubild 7: Weltmarktintegration durch Abwertung

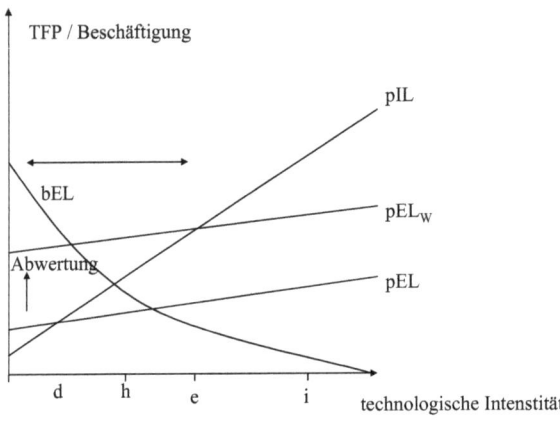

Der Einsatz von ß steigt unmittelbar durch Verwendung von Maschinen oder mittelbar insbesondere durch den Einsatz technischer Kenntnisse zur Entwicklung Faktorproduktivität erhöhender Maschinen. Die Produktivität bei der Herstellung von Maschinen und bemisst sich daran, wie hoch die Produktivität (kapital- oder arbeitssparend bzw. Input verringernd oder Output) bei der Anwendung von Maschinen zur Herstellung von Gütern mittels neuer Maschinen gesteigert wird. Bei der Herstellung von Maschinen fließt die gesamte aufgewandte Arbeit in die Produktivitätssteigerung; der Einsatz der Faktoren Arbeit und Kapital dient gänzlich der Residualkategorie β. Deswegen liegt die Herstellung von Investitionsgüter am äußersten Rand (rechts von Punkt i) der Abszisse. Auf der Strecke hi ist die Anwendung von Maschinen, also insbesondere die industrielle Herstellung von Konsumgütern (für eine homogene Nachfrage) abgebildet. Der technologische Fortschritt findet hier durch den Einsatz von Maschinen in Kombination mit den notwendigen Qualifikationserfordernissen bei der Anwendung der Maschinen Eingang. Formalisiert lässt sich für die Strecke hi festhalten, dass

(6) β = q + m, wobei q = TFP erhöhende Qualifikation und m = TFP steigender Einsatz von Maschinen.

Links von h sind einfache Arbeiten mit geringem technologischen Aufwand wider gegeben.[6]

---

[6] Aus (5) ergibt sich, dass auf der Strecke hi sind höhere Anforderungen an die Qualifikation links eines gegeben Punktes möglich sind.

Trendmäßig fallen die Qualifikationsanforderungen von rechts nach links. Es besteht aber die Möglichkeit hoher TFP mit geringen Qualifikationsanforderungen, wenn nämlich bei der Güterherstellung einfach zu bedienende Maschinen eingesetzt werden (können). Die Notwendigen Qualifikationen sind allerdings bei der Herstellung gegenüber der Anwendung von Maschinen immer höher. Wir halten ferner fest, dass die TFP und der Einsatz β bei der Herstellung neuer Konsumgüter gegenüber älteren höher ist, da die Produktionsfaktoren Arbeit und Kapital unabhängig von deren Einsatzmenge vor Entwicklung gar kein Ergebnis zeitigen. Ein weiteres plausibles Postulat: Von i nach h steigt tendenziell die Produktreife, weswegen die Preis- und Einkommenselastizität der Nachfrage tendenziell fällt.

Preislich steigt die Produktivität des Entwicklungslandes bei Abwertung: pEL wandert nach oben (pEL$_2$). In den Bereichen mit geringer Technologieintensität und schon bestehenden hohen Beschäftigungsanteilen wird das Entwicklungsland wettbewerbsfähig. Aufgrund von rechts nach links fallender Elastizität der Nachfrage sowie wegen eines flachen Verlaufs von pEL müssen Abwertungssätze hoch sein, um die Wettbewerbsfähigkeit von d auf e auszuweiten. Im Falle einer negativen Nachfrageelastizität durch Abwertung bei einigen schon wettbewerbsfähigen Branchen, ist eine Besteuerung möglich, um die Güter zu verteuern und die Einnahmen für die Technologieentwicklung für nicht-traditionelle Exportsektoren einzusetzen.

Wegen geringer Elastizitäten und hoher Abwertungssätze ist bei dieser Form von Weltmarktintegration eine vollständige Absorption von Arbeit alleine durch die Exportbranchen nicht zu erwarten. Teile der komplexeren Produktionsverfahren einschließlich der Investitionsgüterherstellung bleiben jedoch bei dieser Form der Integration dem Entwicklungsland erhalten, zumal die Kaufkraft auf den internationalen Märkten abwertungsbedingt zu gering ist, um über den Maschinenimport die heimische Investitionsgüterindustrie nieder konkurrieren zu können. Entscheidend bei Elsenhans ist, dass bei abwertungsgetriebener Expansion von Beschäftigung und Exporten kapitalistisches Wachstum auf der Basis wachsender Reallöhne und Massenmärkte sowie hierfür entwickelter angepasster Technologien gestützt wird, indem Beschäftigung zunimmt und eine homogene Binnennachfrage gestärkt wird. Können Reallöhne steigen, verläuft die Kurve pEL steiler, wenn die Produktivität des rechts von i nicht gänzlich nieder konkurrierten heimischen Maschinenbaus aufgrund eines wachsenden Marktes für einfache Technologien steigt. Voraussetzung für den Abwertungsprozess und eine Mobilisierung von Arbeit ist das Fehlen der in Schaubild 6 beschriebenen absoluten Abwertungsschranke oder eine (zeitweilig) nicht-marktökonomische Eingliederung der Marginalisierten (siehe weiter unten).

4.1.2 Integration nach der Theorie der Produktzyklen

In der Theorie der Produktzyklen (Vernon, 1961) überwiegt bei der Herstellung von Maschinen und der Herstellung neuer Produkte der Qualifikationsaspekt. Dabei wachsen in diesen Industriezweigen die Märkte am schnellsten. Mit zunehmend standardisierter Herstellung durch Maschinen sinken die Qualifikationsanforderungen, wodurch die Übertragbarkeit der betreffenden Produktionslinien auf die unterentwickelten Ökonomien steigt. Diese wird mittels eines hohen Wechselkurses finanziert. Mit zunehmender Reife sinken gleichzeitig die Preis- und Einkommenselastizitäten der Nachfrage bei den hergestellten Produkten. Deswegen sind hohe Beschäftigungszuwächse über die Expansion der kapitalintensiven Branchen nicht zu erwarten. Eine Allokation von Arbeit gemäß Neo-Faktorproportionentheorie bleibt aus.

Schaubild 8: Weltmarktintegration mittels Kapitalgüterimporte

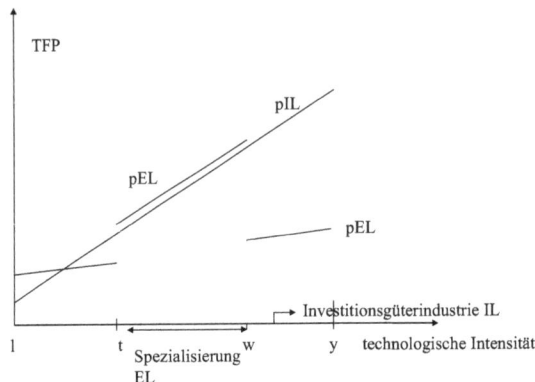

In Schaubild 8 ist die Integration in den Weltmarkt durch den Import von Kapitalgütern (Fließband, automatisierte Fertigungsstraßen) mittels eines hohen Wechselkurses in Kombination mit trotz Aufwertung in internationalen Preisen immer noch billiger Arbeitskraft beschrieben. Auf der Strecke tw erfolgt die Übertragung von Kapitalgütern. Deswegen ist pEL an den Punkten t und w unstetig.[7] Je weiter man nach rechts wandert, desto teurer wird die Übertragung aufgrund steigender Qualifikationsanforderungen; rechts von w ist zum gegebenen Wechselkurs keine Übertragung mehr möglich. Ein steigender Wechselkurs, um die Wettbewerbsfähigkeit nach rechts auszuweiten, führt zu Wettbewerbsverlusten in den kapitalintensiven Branchen zwischen t und w.

Der unstete Verlauf von pEL weist auf das bei Elsenhans beschriebene Phänomen divergierender Faktorproduktivität innerhalb von Arbeit und von Kapital (strukturelle Heterogenität). Die Integration über die Importe von Kapitalgütern, setzt die Einschränkung von Marktrestriktionen voraus, die für die Angleichung der Faktorproduktivitäten (strukturelle Homogenität) zwischen unterschiedlichen Produktionszweigen sorgen. Einkommen, die auf Beschränkung von Marktmechanismen fußen, sei es auch mittels eines gesteuerten Wechselkurses, sind nichts weiter als Renten. Bei wettbewerbsfähigen Exportbranchen mit geringer Beschäftigung (Rohstoffexporte) können sich externe Renten auch ohne eine Wechselkurssteuerung ergeben, weil bei hierbei gegebenem Wechselkurs eine Allokation von Arbeit gemäß Faktorausstattung ausbleibt.

Je größer der Produktivitätsabstand zwischen Entwicklungsland und Industrieland (je steiler pIL gegenüber pEL), desto eher ist bei Integration gemäß Schaubild 8 mit höheren Exporteinkommen und einem gesamtwirtschaftlich höheren Einkommen zu rechnen als bei Integration nach Schaubild 7. Denn: je größer die Diskrepanz der Produktivität und korrelierender Nachfragedynamik zwischen IL und EL, desto größer die Absatzmärkte für tw. Es ist gleichzeitig davon auszugehen, dass gegenüber einer konsequenten Abwertungsstrategie die Zuwächse von Beschäftigung in den kapitalintensiven Branchen gering sind; und dies nicht nur aufgrund der relativ hohen Kapitalintensität der Produktionszweige,

---

[7] Der Abschnitt tw umfasst grob die Branchen C und D aus den Tabellen 1 bis 4.

sondern auch, weil die Strecke tw mit den weniger dynamischen Märkten der Produktionsfunktion pIL korreliert (Theorie der Produktzyklen).

Die Spezialisierung auf tw geht auf Kosten der Strecken wy und lt fördert zum einen den Niedergang der heimischen Investitionsgüterindustrie, weil der Rückstand des Investitionsgütersektor wegen des zu hohen Wechselkurses wächst, Maschinenimporte sich demnach durch Währungsaufwertung verbilligen und ein für den Investitionsgütersektor kompatibler homogener Massenmarkt fehlt. Zum anderen wird die Strecke lt vernachlässigt, so dass Produktivität bei der Herstellung von Grundnahrungsmitteln oder einfachen Konsumgütern gering bleibt (siehe 4.2). Weiter begünstigen die Renteneinkommen ein hohes Bevölkerungswachstum, was das Beschäftigungsproblem verschärft und die Tendenz zunehmender Importabhängigkeit bei Lohngütern (Nahrungsmittel) verstärkt. Bei Weltmarktintegration über Kapitalimport liegt demzufolge die Strecke tw gegenüber dem Industrieland zu weit links, um in den dynamischsten Märkten der Industrieländer (Investitionsgüter, neue Konsumgüter) wettbewerbsfähig zu werden und gleichzeitig zu weit rechts, um zur Mobilisierung des Faktor Arbeit beizutragen und so über wachsende Massenmärkte einen Markt eine Verstetigung des technologischen Fortschritts zu bewerkstelligen.

4.2 Differenzierung des Außenhandelsmodells nach Branchen

Bei der Analyse der in den Entwicklungsökonomien sich trendmäßig ergebenden Verteilung der komparativen Kostenvorteile hebt Elsenhans auf den auch im liberalen Modell gültigen, aber oftmals nicht berücksichtigten Sachverhalt ab, dass in unterschiedlichen Währungsräumen Handel nur dann zustande kommt, wenn über den Wechselkurs komparative in preislich absolute Kostenvorteile transformiert werden.[8]

Im Falle der Übertragung von Kapitalgütern gemäß Schaubild 8 verändert sich die Produktivität von Branchen in den Entwicklungsländern (EL) sich nicht mit dem gleichen Multiplikator M. Zur Veranschaulichung hierzu ist in der obersten Reihe von Tabelle 1 ist die Produktivität der Branchen A bis G in den Industrieländern angeführt, wobei die Höhe der in Weltmarktpreisen gemessenen Produktivität durch die Multiplikatoren der Koeffizienten A bis G ausgedrückt wird. Die zweite und dritte Zeile veranschaulicht die sich in Abhängigkeit vom Wechselkurs verschiebende Verteilung der Wettbewerbsfähigkeit nach Branchen in Entwicklungsökonomien, wobei W_1 einen hohen Wechselkurs und W_2 als niedrigen Wechselkurs widerspiegelt.

Tabelle 1. Wandel der Produktivitätsabstände in den IL und EL in Abhängigkeit vom Wechselkurs	
IL	8,00A = 7,00B = 3,00C = 0,75 D = 0,05E = 1,60F = 2,00G
EL W_1	0,25A = 2,00B = 3,50C = 4,75D = 1,55E = 1,10F = 0,50G
EL W_2	0,40A = 0,50B = 1,00C = 1,50D = 1,20E = 1,60F = 2,00G

---

[8] Veranschaulichen lässt sich dies folgendermaßen: In einem Zwei-Länder-Zwei-Güter Modell bei einem Wechselkursverhältnis von 1:1 exportiert das Ausland beide Güter, wenn es bei der Herstellung beider Güter produktiver ist. Simultan hierzu fragt das Inland fragt Devisen für Bezahlung der Importen nach. Dadurch verteuern sich (ebenso simultan) die Auslandswährung und dessen angebotene Güter solange, bis das Inland mit dem Gut, das den geringeren Produktivitätsabstand aufweist, preislich wettbewerbsfähig wird und dessen Produktion bis zum Gleichgewichtszustand ausweitet.

Tabelle 2 ordnet A bis G aus Tabelle 1 konkrete Branchen zu. Die Multiplikatoren werden als $M_{x/y}$ eingeführt, wobei im Index x jeweilige Branche und y das Land (EL oder IL) bezeichnet. Für die Realisierung von Kostenvorteilen ist die Differenz zwischen den jeweiligen Multiplikatoren des Industrielandes und Entwicklungslandes, der sich durch den Wechselkurs W ändert. Um wettbewerbsfähig zu sein, muss demnach für das Entwicklungsland gelten:

(7) $M_{x/EL} - M_{x/IL} > 0$

Gleichzeitig gilt, dass je größer der Negativbetrag von $M_{x/EL}$-$M_{x/IL}$, desto größer die preisliche Produktivität bei den Industrieländern. Die grau unterlegten Ziffern zeigen die Bereiche auf, in denen das Entwicklungsland Wettbewerbsvorteile auf dem Weltmarkt erzielt. Die Multiplikatoren sind frei, aber nicht willkürlich gesetzt und dienen der Veranschaulichung der in Kapitel 4.1. beschriebenen Mechanismen.

Tabelle 2. Verteilung der komparativen Kostenvorteile im Entwicklungsland und deren Veränderung über den Wechselkurs				
Differenz zwischen Multiplikatoren $M_{EL} - M_{IL}$			Höchste Wettbewerbsfähigkeit der EL	Einkommen der EL
Wechselkurs	W_1	W_2		
A = Investitionsgüterind.	- 7,75	-4		
B = neue Konsumgüter	-5	-6,5		
C = reife Konsumgüter	0,5	-2	über Kapitalimport und hohem Wechselkurs	Hoch
D = Rohstoffförderung	4	0,75		
E = tropische Agrarprodukte	1,5	1,15	hohem Wechselkurs	Hoch
F = einfache Konsumgüter für untere Einkommensbezieher in den EL	-0,5	0	über Abwertung	nur langsam wachsend
G = Grundnahrungsmittel	-1,5	0		

Wir sehen anhand von Tabelle 2, wie die Verteilung der komparativen Kostenvorteile in Abhängigkeit vom Wechselkurs „verschoben" wird. Deutlich wird dabei, dass in der Investitionsgüterindustrie des Entwicklungslandes die Wettbewerbsfähigkeit durch die Abwertung gestiegen ist, aber noch zu weit zurück liegt, um bei ähnlichen Investitionsgütern auf dem Weltmarkt konkurrieren zu können. Bei der Herstellung neuer, haltbarer Konsumgüter bleibt der preisliche Produktivitätsabstand trotz Abwertung hoch. Dies lässt sich damit begründen, dass deren Herstellung zwar weniger innovationsintensiv als die Herstellung von Investitionsgütern ist, die Produktion aber immer noch in hohem Maße von Forschungs- und Entwicklungsleistungen geprägt ist. Die Entwicklungsökonomien können hingegen bei der Herstellung von reiferen Industriegütern wettbewerbsfähig sein. Die Wettbewerbsfähigkeit verringert sich jedoch bei Abwertung aufgrund der Abhängigkeit von Kapitalimporten. Beim Rohstoffabbau und tropischen Agrarprodukten bleibt die Wettbewerbsfähigkeit in die Regel bestehen, obwohl sie geringer wird. Die preisliche Produktivität bei der Herstellung von einfachen Konsumgütern steigt, muss aber nicht notwendigerweise zur Wettbewerbsfähigkeit auf dem Weltmarkt führen. Dasselbe gilt für die Herstellung von Nahrungsmitteln. Durch Abwertung erfolgt eine Spezialisierung auf Branchen mit geringem Einkommen.

Tabelle 3 erklärt nun (nochmals) eine typische Verteilung der Kostenvorteile nach Branchen zwischen den Industrieländern und den Entwicklungsländern (siehe Spalten 1 und 2). Für die

Entwicklungsökonomien ergeben sich komparative Kostenvorteile bei Branchen, die gemäß der Produktzyklentheorie eine geringe Preis- und Mengenelastizität aufweisen. Dieser Trend folgt aus den im Anhang erläuterten Bedingungen (wachsende Massenmärkte und technologischer Fortschritt) als Voraussetzung für langfristiges kapitalistisches Wachstum (siehe auch Schaubilder 7 und 8). Es gilt dabei, dass der Produktivitätsvorsprung bei der Herstellung von Investitionsgütern gefolgt von der Herstellung von neuen Konsumgütern in den Industrieländern gegenüber den Entwicklungsländern (Spalte 3) und gegenüber anderen Branchen der entwickelten Ökonomie am höchsten ist (Spalte 4). Hohe Einkommen sind aber auch in anderen Branchen erzielbar (Spalte 5).

Tabelle 3. Verteilung der komparativen Kostenvorteile zwischen Industrieländern und Entwicklungsländern in Abhängigkeit vom Wechselkurs		Preis- und / oder Mengen- elastizität der Nachfrage	Rangfolge Produktivitäts- vorsprung des IL gegenüber dem EL	Einkommen / Produktivität
Spalte 1 und 2		3	4	5
A. Investitionsgüterindustrie				
IL	Die für kapitalistisches Wachstum notwendigen Reallohnsteigerungen und entstehende Massenmärkte machen technologischen Fortschritt und damit die Entwicklung der Investitionsgüterindustrie notwendig und rentabel.	hoch	1.	hoch
EL	In den EL kann Produktivität bei der Herstellung von Investitionsgütern nur dann steigen, wenn diese auf die Herstellung von Gütern für einen wachsenden Massenmarkt der Entwicklungsökonomie ausgerichtet ist.			
B. neue Konsumgüter				
IL	Mit den Reallohnsteigerungen entstehen wachsende von einer homogenen Nachfrage gekennzeichnete Märkte für neue Konsumgüter	hoch	2.	hoch
EL	Produktivitätsrückstand von anspruchsvollen neuen Konsumgütern ist in den EL, ähnlich wie bei der Herstellung von Investitionsgütern, wegen zu hoher technologischer Anforderungen zu groß.			
C. reife Konsumgüter (kapitalintensiv)				
	Absolute Kostenvorteile können auch hier in den IL bestehen. Der Produktivitätsabstand der EL ist jedoch geringer als in den Branchengruppen A und B, da gemäß der Produktzyklentheorie die Qualifikationsanforderungen bei der Herstellung der reifen Konsumgüter geringer sind und Produktion aus den IL ausgelagert werden kann. Eine weiterhin bestehende geringere Produktivität in den EL kann dann mittels einer niedrigeren Lohnquote und günstiger Investitionsbedingungen ausgeglichen werden.	fallend	3.-7. Tendenz Richtung 3.	höher als arbeitsintensive Sektoren des EL bei hohem Wechselkurs
D. Mineralische Rohstoffe (kapitalintensiv)				
	Lagerstätten für mineralische Rohstoffe sind auch in den IL möglich. Diese sind jedoch aufgrund ihrer großen Nähe zu ihren Verbrauchermärkten historisch früher schon ausgebeutet.	gering	3.-7 Tendenz Richtung 3.	sehr hoch und bei hohem Wechselkurs höher als arbeitsintensive

				Sektoren des EL
E. tropische Agrarprodukte				
	Die hohe Nachfrage nach tropischen Agrarprodukten ist das Ergebnis von Wohlfahrtssteigerungen in den kapitalistischen Kernregionen, wobei die Nachfragedynamik säkular nachlässt (sinkende Terms of Trade).	gering	3. -7. Tendenz Richtung 3.	
F. einfache Konsumgüter insbesondere für die Armen (arbeitsintensiv)				
	Für den internationalen Handel weniger relevant. Bei Abwertung und einer Stärkung der Nachfrage der unteren Einkommen ist eine Expansion zu erwarten.	bei wachsenden Massenmärkten hoch	4. -7. Tendenz Richtung 7.	Einkommen gegenüber renten- aneignende Branchen (C, D, E) gering
G. Grundnahrungsmittel				
	Die Produktivitätsabstände bei der Produktion von Nahrungsmitteln können durch einen erhöhten Technisierungsgrad in den Entwicklungsökonomien zwar reduziert werden, aus klimatischen Gründen ist hier jedoch eine Übertragung von Technologie teurer als im gewerblichen Sektor. Auch physische Produktivitätssteigerungen kann bei Abwertung und einer Stärkung der Nachfrage der unteren Einkommen erwartet werden.	bei wachsenden Massenmärkten hoch	4. -7. Tendenz Richtung 7.	Einkommen gegenüber renten- aneignende Branchen (C, D, E) gering

Tabelle 4 fasst die Folgen der oben beschriebenen Spezialisierungsmuster für technologisches Aufholen sowie die Tendenz, die Produktion von Grundnahrungsmitteln zu vernachlässigen, zusammen.

Tabelle 4. Spezialisierung von Entwicklungsökonomien		
	Hohe Außenwährung / Renten	Niedrige Außenwährung
Vorteile	- Hohes Einkommen	- Einsatz einfacher Maschinen ermöglicht Lernerfolge bei Wartung und Reparatur der Maschinen - Markt für einfache Güter, die mit angepassten, heimischen Technologien herstellbar sind wächst - Geringe Produktivität bei der Anwendung eigener Maschinen kann sukzessive über verbilligte Arbeitskosten ausgeglichen werden.
Nachteile	- Spezialisierung gegen technologisches Aufholen und Grundnahrungsmittelherstellung - Geringe technologische Spill-Over Effekte: Je produktiver und präziser der importierte Herstellungsvorgang, desto geringer die Möglichkeiten zum technologischen Lernen bei der Anwendung, sowie über Wartungsarbeiten und Reparatur - Delearning: Gesellschaftliche Lernverluste über die Niederkonkurrierung eigener Technologieherstellung - Nicht zuletzt fördern die Strukturdeterminanten Rente und Marginalität Selbstprivilegierung und Missmanagement, so dass Industriepolitik politisch-administrativ behindert wird.	- Einkommensverluste und absolute Grenze für Abwertung

5. Das Entwicklungspolitische Konzept

Mit dem entwicklungspolitischen Ziel die Grenzproduktivität von Arbeit zu erhöhen, plädiert der Marginalitätsansatz einen für Mix aus Plan- und Marktelementen. Bei der Entwicklungsstrategie ist dem jeweiligen Produktionsapparat (Produktivitätsniveau und Produktivitätsgefälle zwischen den Branchen, Verteilung und Beschäftigungsstruktur), sowie den herrschaftssoziologischen Gegebenheiten einschließlich der jeweiligen staatlichen Kompetenzen Rechnung zu tragen (Elsenhans, 2004).[9]

Das Marginalitätskonzept von Elsenhans steht nicht in „Fundamentalopposition" zum liberalen Modell. Auch die in der ersten Zeile von Tabelle 6 dargestellten negativen Folgen von Rente haben Gültigkeit. Nur tritt in Entwicklungsökonomien zur Rentenproblematik das Problem von Marktversagen und damit die Resistenz von Renten gegenüber bloßen Liberalisierungsmaßnahmen hinzu. Hierin sind die entwicklungspolitischen Forderungen nach Gesellschaftsreformen und interventionistischen Steuerungen begründet.

---

[9] Letzteres soll im vorliegenden Aufsatz nicht weiter erklärt werden.

Tabelle 6: Die Entwicklungspolitischen Instrumente Markt und Nicht-Marktökonomie	
Diagnose	Instrument
Rente als Entwicklungsproblem:	Markt als Rezept gegen Rente:
- Renten (Rohstoffrenten, oder Dutch-Disease) fördert ungleiche Spezialisierung - Mikrosoziologisch ziehen Renten Rent-Seeking, also Selbstprivilegierung, Korruption und Vergeudung nach sich. - Renten fördern abgehobene politische Klassen (Staatsklassen) mit einer von der Bevölkerung relativ unabhängigen Reproduktionsbasis.	- Markt vermindert, insbesondere durch die Exportorientierung von Kleineren und Mittleren Unternehmen, Selbstprivilegierung. - Markt erhöht Allokationseffizienz. - Markt kann den Faktor Arbeit (begrenzt) stärken und somit Einkommen der unteren Schichten erhöhen.
Marktversagen in Entwicklungsökonomien: - Ohne die Lösung des Marginalitätsproblems setzt eine Liberalisierung Marginalisierte frei und reduziert die blockierte Nachfrage weiter. - Markt reduziert entwicklungspolitisch verwendbare, zentralstaatlich angeeignete Ressourcen zur Marginalitätsbekämpfung	Nicht-marktkonforme Armutsbekämpfung Siehe Tabelle 6.1.

Tabelle 6.1.

Entwicklungspolitische Notwendigkeit von Interventionismus:
- Die unmittelbare Reduzierung von Marginalität durch Bodenreformen, falls dies die klimatisch-geologischen Bedingungen ermöglichen. - Bei einer durchschnittlichen Produktivitätssteigerung bei der Herstellung von Nahrungsmitteln, ohne dass damit eine Steigerung der Grenzproduktivität verknüpfte wäre, können Abwertungssätze erhöht werden. Voraussetzung ist allerdings, dass hierbei die Grundnahrungsmittelproduktion durch Import- und Exportrestriktionen geschützt ist. - Eine Industriepolitik als bewusster (Teil)-verzicht auf den Import von Maschinen zugunsten eigener, teurerer, aber von Lerneffekten begleiteter Maschinenherstellung. - Subventionierung von Arbeit der Ärmsten (und Unproduktivsten). Hierdurch entstehen Marktsignale zugunsten der Grundnahrungsmittelproduktion und der Entwicklung angepasster Technologien. (Elsenhans, 2001 c: 135-146).

Veranschaulichen lassen sich die von Elsenhans vorgeschlagenen entwicklungspolitischen Maßnahmen auch anhand des Schaubildes 9.

18

Schaubild 9: Entwicklungspolitik als Steigerung von
Grenzproduktivität

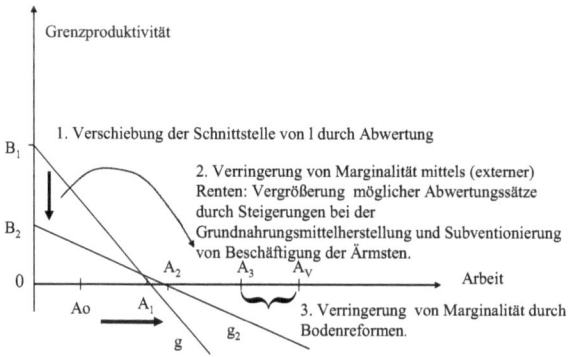

Die Gerade g beschreibt die Grenzproduktivitätsentwicklung (vgl. Funktion g in Schaubild 2) in Abhängigkeit von Beschäftigung. Über eine vertiefte Weltmarktintegration verschiebt sich g nach g_2. Ebenso sinken die bestehenden Überschüsse. Die Überschusssumme lässt sich im Schaubild 9 beschreiben als die Dreiecksfläche 0,A,B. Wir sehen dass die Fläche $\varphi(0,A_1,B_1) > \xi\,(0,A_2,\,B_2)$. Dies ist angesichts der Möglichkeit zum verbilligten Kapitalgüterimport bei hohem Wechselkurs plausibel. Marginalität besteht bei Arbeit, die rechts von den Schnittpunkten g bzw. g_2 liegt. Die Möglichkeit zur Beschäftigungssteigerung und Reduzierung von Renten durch Abwertung lässt der Ansatz zu. Aus der Diskussion ergibt sich allerdings, dass eine Verschiebung von g nach g_w (Schaubild 4) nicht zu erwarten ist. Vielmehr verläuft g durch Abwertung flacher und es gilt, dass aufgrund absoluter Abwertungsschranken eine (zeitweilige) Vollbeschäftigung, also $g(A_V) \geq 0$, oftmals nicht erreicht werden kann (siehe Schaubild 9 Punkt 1). Mittels rentenfinanzierter Produktivitätssteigerungen bei der Grundnahrungsmittelherstellung können demgegenüber die möglichen Abwertungssätze erhöht werden (siehe Schaubild 9, Punkt 2). Des Weiteren können Renten für die Steigerung der Grenzproduktivität der Armen eingesetzt werden. Dies kann durch die Förderung arbeitsintensiver Industriebranchen erfolgen. Diese Maßnahme ist allerdings von den administrativen Kapazitäten abhängig, die wiederum durch die politökonomischen Kräftekonstellationen bestimmt werden (ebenso Punkt 2). Nicht zuletzt ist in Punkt 3 skizziert, wie mittels Agrarreformen der Überschuss an Arbeit und somit dessen (inelastisches) Angebot reduziert werden kann (Reduktion des Arbeitsangebotes von A_V auf A_3).

19

6. Die Verteilung von Beschäftigten in Entwicklungsökonomien

In Schaubild 10 differenzieren wir die Beschäftigungswirkung von Liberalisierung und Abwertung anhand einer Typologisierung von Arbeit.

Schaubild 10: Typische Verteilungen von Beschäftigung in Entwicklungsländern

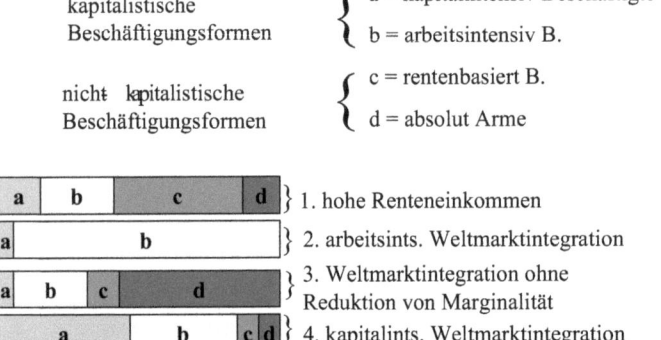

Hierzu unterscheiden wir in Schaubild 10 als weiterführende Überlegung zur Theorie von Elsenhans zwischen vier Verteilungsmustern von Beschäftigung; wobei die Gesamtlänge der Balken die gesamte Arbeitsbevölkerung A_V repräsentiert. Die Balken beschreiben typische Verteilungsmuster von Beschäftigung in Entwicklungsökonomien. Zunächst einige Anmerkungen zu den verschiedenen Beschäftigungskategorien a bis d:

In Analogie zu Säule A aus Schaubild 5, in dem die Einkommen nach ihrem Ursprung zwischen kapital- und arbeitsintensiven Sektoren differenziert wurden, beschreibt a die Summe, der in den kapitalintensiven Branchen effizient Beschäftigten. Effizient Beschäftigte soll heißen, dass in diesen Branchen nur der Beschäftigtenanteil gezählt wird, der tatsächlich notwendig ist. b sind die Beschäftigten arbeitsintensiver Produktionsbetriebe, Dienstleistungen sowie die Beschäftigten im Landwirtschaftssektor zugeordnet. Nicht zu dieser Gruppe zählen Beschäftigte, die zwar in möglicherweise ebenso arbeitsintensiven Branchen arbeiten, deren Beschäftigung jedoch hauptsächlich durch Renteneinkommen zustande gekommen ist. Hierzu gehören etwa Reparaturbetriebe für rentengestützte Staatsbetriebe, Dienstleistungen für eine nicht-kapitalistisch orientierte Oberschicht oder Beschäftigte in Import und Handel, die nur aufgrund von Marktverzerrungen durch einen überhöhten Wechselkurs denkbar sind. Die Gruppe der rentengestützten Beschäftigten ist c zugeordnet. Hierzu gehören außerdem Unterbeschäftigte in kapitalintensiven Betrieben, in der Bürokratie, Beschäftigte aus Beschäftigungsprogrammen und weitere, auf Rente basierende Arbeit. d schließlich spiegelt den Anteil der absolut Armen wider.

Im Fall 1 liegt eine typische Verteilung von Beschäftigung bei struktureller Heterogenität mit hohen Renteneinkommen vor. In dieser Entwicklungsökonomie führt ein Renten aneignender Sektor zu einem hohen Anteil von Beschäftigten im nicht-kapitalistischen Sektor c. Das Armutsproblem ist hier nicht gelöst. Selbstverständlich variiert - je nach „Produktionsapparat" des jeweiligen Entwicklungslandes - das in der ersten Zeile aufgezeigte Schema: dies sowohl hinsichtlich der Verteilung von Beschäftigung als auch im Hinblick auf die in a und b generierten Einkommen. Hinzu kommen Variationen im Gefälle zwischen Kapital- und Arbeitsintensität von a und b.

Zeile 2 beschreibt nun den Fall, in dem über Abwertung und Armutsbekämpfung, Arbeit auf Kosten von durch Renten Beschäftigten sowie von absoluter Armut gänzlich mobilisiert wird.

Das dritte Beispiel bildet den Fall ab, in dem die Reduktion von Renteneinnahmen aufgrund sich verschlechternder Terms of Trade oder Liberalisierung nicht mit einer Stärkung arbeitsintensiver Beschäftigung einhergeht. Wegen anhaltender Abwertungsblockaden aufgrund zu geringer landwirtschaftlicher Produktivität und andauernder Marginalität verarmt ein Großteil der zunächst mittels Renten Beschäftigten (Beschäftigte in c „wandern" nach d).

In Zeile 4 ist der Fall gegeben, in dem Beschäftigung nicht durch Umverteilung oder Abwertung erhöht werden soll, sondern durch eine vergleichsweise kapitalintensive Ausweitung und Modernisierung des Produktionsapparates. Eine Zurückdrängung von Rente und Armut nach dem Muster einer kapitalintensiven Modernisierung gelingt eher in weit entwickelten Schwellenländern.

7. Einige Anmerkungen zum Marginalitätskonzept

Anhand des Marginalitätskonzeptes konnten wir den Fall persistenter und unfreiwilliger Arbeitslosigkeit bzw. Unterbeschäftigung und entstehender Verwerfungen (strukturelle Heterogenität, Fehlspezialisierung) durch Integration von Entwicklungsökonomien in den preislich durch die Industrieländer dominierten Weltmarkt beschreiben. Marginalität als Kern der wirtschaftstheoretischen Überlegungen von Hartmut Elsenhans wurde in der vorliegenden Abhandlung so modelliert, dass die Modellannahmen so wenig wie möglich von den allgemeinen Gleichgewichtskonzepten etwa nach Walras oder Arrow-Debreu abweichen (Arrow /Debreu: 1954). Dadurch war es möglich, die Resistenz von Marginalität gegenüber Liberalisierung und Weltmarktintegration zu erläutern. Im Marginalitätskonzept rührt Unterkonsumption und Unterbeschäftigung nicht von Marktunvollkommenheiten wie in neokeynesianischen Ansätzen beschrieben oder postkeynesianisch etwa von fundamentalen Unsicherheiten, sondern ist Ergebnis einer zu geringer Grenzproduktivität des Faktors Arbeit von Entwicklungsökonomien. Reallöhne können bei Marginalität nicht mit der durchschnittlichen Produktivitätserhöhung steigen; eine Anpassung der Lohnquote an die Produktivitätsentwicklung bleibt auch langfristig aus, weil ein Teil der Bevölkerung gar nicht nach Produktivitätskriterien beschäftigt werden kann. Damit liefert das Konzept eine originäre Ursache für Unterbeschäftigung, Marktversagen und Unterkonsumption in Entwicklungsökonomien. Des Weiteren erläutert der Aufsatz ein Außenwirtschaftsmodell für von Marginalität gekennzeichnete Ökonomien.

Nicht berücksichtigt in dem Modell ist die Möglichkeit wachsender Abwertungspotentiale in Entwicklungsökonomien über sinkende Übertragungskosten von Technologien und Preise für Lohngüter (Nahrungsmittel). Es gilt nämlich: Je mehr sich die absoluten und nicht substituierbaren

Importkosten wegen gesunkener Übertragungskosten und des Abbaus von Importzöllen bei gegebenen Wechselkurs verbilligen, desto geringer der für Vollbeschäftigung erforderliche Abwertungssatz. Vor allem im Hinblick auf die gegenwärtig explodierenden Getreidepreise auf dem Weltmarkt erscheint allerdings eine Beseitigung des Marginalitätsproblems durch sinkende Importkosten empirisch weniger relevant. Hinzu kommt, dass dieser Weg einer vertieften Weltmarktintegration wegen der damit auftretenden Tendenz die Herstellung von Grundnahrungsmitteln und eine arbeitsintensive Landwirtschaft zu vernachlässigen im Hinblick auf dadurch „verbaute" interne Mobilisierungsstrategien, höchst riskant ist.

In dem Aufsatz nicht berücksichtigt sind die Überlegungen von Elsenhans die Diskussion über Unterkonsumption aufgrund neuer Formen der Weltmarktintegration von Industrieländern und aufholenden Ländern, in denen das Marginalitätsproblem gelöst ist oder zumindest genügend Nahrungsmittelüberschüsse vorhanden sind.

Anhang: Zur These, langfristig steigende Reallöhne seien Voraussetzung für kapitalistisches Wachstum

Dass die Reallöhne steigen müssen, kann auch im Bezugsrahmen der Mainstream-Ökonomie erläutert werden. So wird von einem konstanten Kapitalkoeffizient ausgegangen, wie er in den „stylized facts" von Kaldor (1961) beschrieben ist. Daraus muss bekanntlich folgen, dass Reallöhne langfristig steigen. Gleichzeitig determiniert die Sparentscheidung in der Neoklassik die Höhe der Investition: im Modell wird die Sparquote S mit der Investitionsquote I gleichgesetzt (S=I). Über eine steigende Sparquote, die automatisch zu einem gleich hohen Anstieg der Investitionen führt, kann dabei über eine steigende Kapitalintensität k = K/L (wobei K=Kapitalstock und L = Erwerbstätige) ein höherer Wachstumspfad erreicht werden, nicht jedoch eine langfristige Änderung der relativen Einkommen. Demnach müssen Reallöhne langfristig steigen. Nicht geklärt bleibt, wie lange die auch in der Neoklassik unvermeidbaren Reallohnsteigerungen zugunsten von Niveaueffekten durch vermehrtes Sparen und Investieren stagnieren können, ohne dass das System zusammenbricht. Vor diesem Hintergrund kann das Wachstumsmodell von Hartmut Elsenhans als ein Erklärungsmodell in Anschlag gebracht werden, das analysiert, wie lange kapitalistisches Wachstum bei einem stagnierenden Lohnsatz möglich ist, ohne dass Überschüsse auf eine Nachfragelücke stoßen. Eine algebraische Herleitung, wann diese Widersprüche auftreten (Elsenhans, 1986: 247-268), soll nicht ausformuliert werden. Vielmehr wird im Folgenden die Herleitung einer Nachfragelücke durch stagnierende Reallöhne in ihrer logischen Abfolge wiedergegeben.

Ausgangspunkt bei Elsenhans ist die Annahme von Bortkiewiczs, dass die Einführung neuer Technologien die Stückkosten senken müsse und deswegen Arbeit freisetzt. [10] Es gilt dabei:

$$(8) \quad \frac{C_1 + v_1}{M_1} > \frac{C_2 + v_2}{M_2}$$

wobei v =   Lohnkosten oder variables Kapital
C =   Preissumme des konstanten Kapitals, wobei sich wiederum C aus akkumuliertem variablen Kapital v (geronnene Arbeit) zusammensetzt und
M =   (produzierte) Menge

Außerdem gilt, dass die Arbeiter ihren Lohn gänzlich konsumieren, während die Unternehmen ihre Gewinne restlos reinvestieren. Es gilt also wie im neoklassichen Modell S=I, um dann im Modell die entstehenden Widersprüche bei konstanten Reallöhnen herzuleiten. Hierzu greift Hartmut Elsenhans in seiner (neo-)ricardianischen Argumentation auf ein Zweisektoren-Modell zurück, welches sich aus einem Konsumgütersektor und einem Investitionsgütersektor zusammensetzt. Gleichzeitig repräsentiert v den Konsumgütersektor und C den Kapitalgütersektor. Mit dieser Disaggregation existiert somit im Unterschied zum neoklassischen Wachstumsmodell nicht mehr ein Supergut, das sowohl konsumiert als auch investiert werden kann.

---

[10] Zur Notwendigkeit für kapitalistisches Wachstum langfristig steigender Reallöhne siehe auch: Robinson, Joan (1978:18)

Es ist aus (7) leicht ersichtlich, dass alte Technologien (Index 1) durch neue (Index 2) unter den gegebenen Bedingungen nur dann ersetzt werden, wenn hierdurch die Summe der insgesamt benötigten Arbeitszeit des Konsumgütersektors v und des Investitionsgütersektors C im Verhältnis zum Output sinkt. Diese Voraussetzung mittels des >-Zeichen in (7) ausgedrückt. Hieran ändert auch die Einführung verlängerter Umschlagszeiten nichts, weil, wenn auch teurere Maschinen sich erst später amortisieren, dann trotzdem das Kosten-Output-Verhältnis für rentable Investitionen sinken muss.

Bei stagnierenden Reallöhnen muss der Output des Konsumgütersektors M_V stagnieren, wobei die durch technologischen Fortschritt reduzierte Beschäftigung im Konsumgütersektor eine Nachfragelücke zur Folge hat, wenn die reduzierten Beschäftigten nicht in der Investitionsgüterindustrie beschäftigt werden. Wenn nun die Nachfrage des Konsumgütersektors aufgrund konstanter Reallöhne stagniert, dann kann die über den technologischen Fortschritt generierte Kapazitätsausweitung nur durch eine steigende Nachfrage des Investitionsgütersektors gedeckt werden. Entscheidend ist hierbei, dass ein Unternehmer nur eine Maschine aus dem Investitionsgütersektor kauft, wenn die Produktionseinbußen durch verminderten Arbeitseinsatz in v durch den Einsatz der neuen Maschinen überkompensiert werden. Dies bedeutet, dass bei stagnierenden Reallöhnen M/v schneller wachsen muss als C/v, was aber aufgrund des exponentialen Wachstums von C/v unrealistisch ist. Bei stagnierenden Reallöhnen stellt sich demnach ein Zustand ein, der mit dem Problem des tendenziellen Falls der Profitrate identisch ist, wobei C/v die organische Zusammensetzung des Kapitals und M/v die Mehrwertrate bei Marx (1974: 246) beschreibt.

Wächst hingegen bei der Herstellung von Maschinen der Kapitalstock schneller als das Bruttoprodukt, bricht das System aufgrund einer sinkenden Kapitalproduktivität M/C zusammen. In diesem Fall gilt, dass C schneller als M steigt und aus diesem Grund gilt ab einem gewissen Zeitpunkt Index 1 > Index 2 nicht. Wächst M dauerhaft mit dem Kapitalstock über Produktivitätssteigerungen gleich stark (vermehrte Akkumulation), wird „Akkumulation um der Akkumulation willen" betrieben.

Um das Gesetz des tendenziellen Falls der Profitrate zu stützen, sehen nun Marxsche Theoretiker „modifizierende Gegentendenzen": Hierzu gehört die Einbeziehung von Ökonomien mit geringerer organischer Zusammensetzung (Imperialismus) zur Erhöhung der Profitrate und deren Wachstum oder durch Kapitalentwertung durch einen sich vergrößernden staatlichen Sektor. Demgegenüber ist bei Elsenhans ein kapitalistischer Wachstumsprozess über eine steigende organische Zusammensetzung des Kapitals nur vergleichsweise kurz möglich. Für kapitalistisches Wachstum sind demnach steigende Reallöhne notwendig, weil nur diese eine stetige Profitrate gewährleisten können. Der Kapitalismus ist dann eben keine Gesellschaftsform, in der die Profite über eine steigende organische Zusammensetzung des Kapitals immer weiter sinken müssen, vielmehr sind für kapitalistisches Wachstum langfristig steigende Reallöhne konstitutiv.[11] Aus dieser,

---

[11] Die seitens Elsenhans behauptete konstante organische Zusammensetzung steht nicht im Widerspruch zu der in der Neoklassik angeführten Feststellung einer wachsenden Kapitalintensität. Bei der Messung der Kapitalintensität in der Neoklassik geht es nämlich um das Verhältnis von Kapitalstock - also der Preissumme als Bestandteil des Bruttosozialproduktes -, und der Anzahl der Erwerbstätigen. Wenn nun - wie in den stylized facts festgestellt- der Kapitalbestand schneller wächst als die Erwerbstätigen, dann bleibt bei ebenso schnell wachsender Lohnsumme die organische Zusammensetzung C/v konstant; eine mittels des Kapitalbestandes und den Erwerbstätigen gemessene, steigende Kapitalintensität ist demzufolge mit einer konstanten organischen Zusammensetzung vereinbar.

postkeynesianischen Perspektive beschreibt dann der tendenzielle Fall der Profitrate ein Gefährdungsmoment des Kapitalismus und dessen Übergangsform zu einem neuen Typus der Rentenökonomien aufgrund stagnierender Nachfragekapazitäten.

Literaturliste:

Arrow, Kenneth J. und Debreu, Gérard: Existence of equilibrium for a competitive economy. Jg. 1954, Econometrica 22, S. 265–290.

Böhmert, Fedor: Eine entwicklungspolitische Diskussion des Ansatzes von Hartmut Elsenhans. Baden-Baden: Nomos-Verl.-Ges., 2004.

Borchert, Manfred: Außenwirtschaftslehre Theorie und Politik, Wiesbaden 2001, 523 Seiten

Bortkiewicz von Ladislaus: Wertrechnung und Preisrechnung im marxschen System Achenbach, 1976; 213 Seiten

Elsenhans, Hartmut

- Der Mythos der Kapitalintensität und die notwendig falsche Technologiewahl der Entwicklungsländer. in: Kohler-Koch, Beate: Technik und internationale Politik. Baden-Baden 1986 S. 267-319

- Überwindung von Marginalität als Gegenstand der Armutsbekämpfung. in: Elsenhans, Hartmut, et al.: Wirtschaftspolitische Reformen in Entwicklungsländern. Schriften des Vereins für Socialpolitik, N.F. Bd. 209. Berlin 1995, S.193-222

- Kein Ende der großen Theorie, in: Asien-Afrika-Lateinamerika, 24,2,1996, S.11-146

- Das Internationale System zwischen Zivilgesellschaft und Rente, 2000, Münster

- Das Internationale System zwischen Zivilgesellschaft und Rente Reihe: LIT Verlag; Wissenschaftliche Paperbacks Bd. 6, 2001 (a), 140 S.

- Globalisierung als Wachstumsblockade - Redynamisierung durch Entwicklungspolitik; in: Politik und Gesellschaft / International Politics and Society 1/2001 (b), S. 54 -65

- Entwicklung ist machbar. Die Schaffung von Arbeitsplätzen durch zeitweilige Subventionierung, in: Reinold E. Thiel (Hg.): Neue Ansätze zur Entwicklungstheorie. Deutsche Stiftung für internationale Entwicklung (DSE). Informationszentrum Entwicklungspolitik (IZEP). Bonn: DSE/IZEP 2. Aufl. 2001 (c), S. 135-146

- Overcoming Rent by Using Rent: The Challenge of Development", in: Intervention, 1, 1 (2004); S. 44-70

Fine, Ben (2001): Neither Washington nor Post-Washington Consensus: An Introduction', in: Fine, Ben / Lapavitsas, Costas / Pincus, Johnathan (Hg.): Neither Washington nor Post-Washington Consensus: Challenging Development Policy in the Twenty-First Century, Routledge, London, S. 1-27

Georgescu-Roegen, N. (1961): Economic Theory and Agrarian Economics. In: Oxford Economic Papers, 12 (1), S. 1-40.

Grossmann, Henryk (1929): Das Akkumulations- und Zusammenbruchsgesetz des kapitalistischen Systems. (Zugleich eine Krisentheorie). Leipzig: C. L. Hirschfeld,. (Schriften des Instituts für Sozialforschung an der Universität Frankfurt a. M. Bd. I. Hrsg. von Carl Grünberg.) [Nachdruck: Frankfurt a. M.: Verlag Neue Kritik, 1967 und 1970

Herr, Hansjörg (2001): Keynes und seine Interpreten, in PROKLA. Zeitschrift für kritische Sozialwissenschaft, Heft 123, 31, No. 2, S. 203 – 225 (210-214)

Jones, Charles I. und Scrimgeor, Dean (2008): A New Proof of Uzawa's Steady-State Growth Theorem, in: The Review of Economics and Statistics, Vol. 90, No. 1, S. 180-182

Kahn, Richard (1931), the Relation of Home Investment to Unemployment. Economic Journal, Vol. 41, S. 173-198

Kaldor, Nicholas (1961): Capital Accumulation and Economic Growth. In: The Theory of Capital, F. A. Lutz and D. C. Hague (eds.), S. 177–222, St. Martin's Press, New York.

Keynes, John Maynard (1936, 10. Auflage 2006): Allgemeine Theorie der Beschäftigung, des Zinses und des Geldes, erste Auflage: General Theory of Employment, Interest and Money

Marx, Karl (1974): Grundrisse der Kritik der Politischen Ökonomie, Berlin

Murphy, Kevin M., Shleifer Anrei und Vishny Robert (1989): Industrialization and the Big Push, in: Journal of Political Economy 97 (October): S. 1003-1026

Rodrik, Dani (2003): "Growth Strategies." Cambridge, Mass.: National Bureau of Economic Research Working Paper Series 10050

Robinson, Joan (1951): Collected Economic Papers, Vol. I, Oxford

Rosenstein-Rodan, Paul N. (1943): Problems of Industrialiszation of Eastern and South Eastern Europe, in: Economic Journal 53 (June-September), S. 202-211

Solow, Robert M. (1956): A Contribution to the Theory of Economic Growth. Quarterly Journal of Economics 70, 65–94

Stiglitz, Joseph E. (1998): "More Instruments and Broader Goals: Moving towards a Post-Washington Consensus", in: WIDER Annual Lectures 2, UNU World Institute for Development Economics Research (UNU/WIDER) Helsinki 1998; Internet: htp://www.wider.unu.edu/events/annuel1998.pdf. Drück vorliegend, 53 Seiten.

Uzawa, Hirofumi (1961): Neutral Inventions and the Stability of Growth Equilibrium," *Review of Economic Studies*, Vol. 28, S. 117–24

Vernon, Raymond (1961): The Product cycle Hypothesis in a New International Environment, in: Oxford Bulletin of Economics and Statistics 41, S.225-267

Williamson, John (1990): What Washington means by Policy Reform, in: Williamson, John (Hg.), Latin American Adjustment: How Much has Happend? Washington, DC; Institute for International Economics.

Williamson, John (2004): A Short History of the Washington Consensus Paper commissioned by Fundación CIDOB for a conference "From the Washington Consensus towards a new Global Governance," Barcelona, 2004, September S. 24–25

Worldbank (2005): World Development Report 2006, Equity and Development, The International Bank for Reconstruction and Development / The World Bank, Washington DC

Worldbank (2007): World Development Report 2008, Agriculture for Development, The International Bank for Reconstruction and Development / The World Bank, Washington DC

Ziai, Aram (2003): Globale Strukturpolitik oder nachhaltiger Neoliberalismus? Anmerkungen zum Entwicklungsdiskurs des BMZ unter der rot-grünen Bundesregierung, in: Peripherie Nr. 90/91, 23, S. 512-170